Vahvuuden ja elinvoiman kehittäminen

Sri Mata Amritanandamayin puhe

1. joulukuuta 2009
Vivekananda-säätiön kansainvälisen keskuksen avajaispuhe New Delhissä

Mata Amritanandamayi Center, San Ramon
Kalifornia, Yhdysvallat

Vahvuuden ja elinvoiman kehittäminen

Sri Mata Amritanandamayin puhe
Malajalamista englanniksi kääntänyt
　　Swami Amritaswarupananda Puri

Julkaisija:
　　Mata Amritanandamayi Center
　　P.O. Box 613, San Ramon, CA 94583
　　Yhdysvallat

—— *Cultivating Strength and Vitality (Finnish)* ——

Copyright © 2010 Mata Amritanandamayi
Mission Trust, Kerala, 690 546, Intia
Kaikki oikeudet pidätetään. Osaakaan tästä painotuotteesta ei saa tallentaa millään tunnetulla tai myöhemmin keksittävällä menetelmällä, tuottaa uudelleen, siirtää toiselle välineelle, kääntää jollekin kielelle tai julkaista missään muodossa ilman julkaisijan kirjallista lupaa.

Ensimmäinen painos MA Centerin: huhtikuu 2016

Yhteystiedot suomessa löytyvät sivuilta: www.amma.fi

Intiassa:
　　inform@amritapuri.org
　　www.amritapuri.org

Vasemmalta: Sri Ajit Kumar Doval, johtaja,
kansainvälinen Vivekananda-säätiö; kunnianarvoisa
M.N. Venkatacheliah, aikaisempi johtaja, Intian
korkein oikeus; Sri Mata Amritanandamayi;
P. Parameshwaran, johtaja, Vivekananda Kendra.

Esipuhe

Amma piti tämän lyhyen puheen Vivekanadasäätiön kansainvälisen keskuksen avajaisissa Chanakyapurissa New Delhissä 1.12.2009. Amman sanat eivät itse asiassa kaipaa esipuhetta; puhe on yksinkertainen, selkeä ja itse itsensä selittävä. Puhe pidettiin kokouksessa, johon osallistui kunnianarvoisia henkilöitä kuten esimerkiksi Delhin johtavia virkamiehiä. Puhe ei ole pitkä ja silti se pitää sisällään henkisyyden ydinasiat.

Amman puhe käsittelee monia eri aihepiirejä, kuten esimerkiksi harmonian luominen eri uskontojen välille, koulutusjärjestelmän rooli yhteiskunnassa sekä oman kotimaansa ja sen kulttuuriperinteen arvostaminen. Puheen painopiste on kuitenkin nuorissa – heidän tarpeissaan ja siinä, miten aikuisten tulisi toimia auttaakseen nuoria kasvamaan täyteen potentiaaliinsa.

Jokaista aihetta on käsitelty lyhyesti ja tiiviisti Amman tarjotessa näkökulman, joka pureutuu suoraan asian ytimeen. Kun sanat tulevat tällaiselta ainutlaatuiselta henkiseltä mestarilta, on sanomattakin selvää, että puhe on syvällinen, värikäs ja henkistä voimaa säteilevä.

Vahvuuden ja elinvoiman kehittäminen

Puhuessaan Swami Vivekanandasta Amma sanoi: "*Swami Vivekananda* – tässä nimessä on aivan erityistä voimaa ja puoleensavetävyyttä. Tuota nimeä kantanut ihminen oli niin valovoimainen ja säteilevä, että pelkästään hänen nimensä kuuleminen antaa energiaa ja havahduttaa olemaan tietoisempi. Hän oli paitsi mahtava *sanjaasi*, joka uudisti ja muutti yhteiskuntaa, mutta myös täydellinen *jnani*, malliesimerkki *guru*lle omistautumisesta, jalo *karma joogi* ja loistava puhuja." Amma kuvaili Vivekanandan näkemystä henkisyydestä: "Se oli hänelle tietynlainen tapa elää maailmassa ja olla samalla tekemisissä kaikenlaisten ihmistyyppien kanssa kohdaten kaikki olosuhteet ja haasteet rohkeasti ja tyynesti."

Amma selittää kauniiden tarinoiden ja esimerkkien avulla sen, että *mahatmat* ovat henkisten totuuksien eläviä esimerkkejä. Kirjoitukset ja henkiset perusperiaatteet tulevat eläviksi ainoastaan Itse-oivalluksen saavuttaneiden mestareiden elämän ja opetusten kautta. *Satguru* [aito henkinen mestari] on kaikkien jumalallisten ominaisuuksien henkilöitymä. Kuten Amma sanoi: "Heidän elämänsä on yhteiskunnan omaksuttavissa oleva esimerkki, joka pitää harmoniaa yllä yhteiskunnassa."

Esipuhe

Henkisen vahvuuden herättämisen tärkeyttä painottaen Amma sanoi: "Jumalallisen voiman säteily välittyy kauttamme totuutena, hyvyytenä ja kauneutena. Älyn jumalallisuus ilmenee kauas säteilevänä totuutena. Teoissa jumalallisuus ilmenee hyvyytenä ja kauneutena. Ja kun jumaluus ilmentyy sydämen kautta, lopputuloksena on kauneus. Totuuden, hyvyyden ja kauneuden sulautuessa osaksi elämäämme, todellinen voimamme on herännyt."

Amma ymmärtää paremmin kuin kukaan muu sen, miten tärkeää on, että nuorille opetetaan myös henkisyyttä. Amma tietää, että nuorilla on suunnaton määrä energiaa. Jos tuo energia kanavoitaisiin oikeaan suuntaan, nuoriso saisi ihmeitä aikaan. Jos he muuttuvat, koko maailma muuttuu. Olen nähnyt kuinka tuhansien nuorten naisten ja miesten elämä ympäri maailmaa on muuttunut Amman läsnäolon vaikutuksesta – heidän asenteensa on muuttunut ja he näkevät elämän toisenlaisesta näkökulmasta. Ei ole epäilystäkään siitä, etteikö tämä muuttaisi yhteiskuntaa rakentavasti. Amman kanssa tekemisissä olevat nuoret tulevat tietoisemmiksi omasta *dharmastaan* [velvollisuudestaan] itseään ja yhteiskuntaa kohtaan. Heissä herää halu palvella yhteiskuntaa epäitsekkäästi,

Vahvuuden ja elinvoiman kehittäminen

auttaa köyhiä ja kärsiviä sekä suojella luontoa. Amma osoitti olevansa huolestunut nykynuorison tilanteesta sanoen: "Tämä nuoruutena tunnettu elämänvaihe on katoamaisillaan nykymaailmasta. Ihmiset hyppäävät lapsuudesta suoraan vanhuuteen. Mutta tosiasiassa nuoruus on elämän *bindu* – keskipiste. Se on ajanjakso, jolloin ihminen ei ole enää lapsi muttei vielä aikuinenkaan. Se on hetkessä elämisen aikaa. Se on myös samalla otollinen aika mielen kouluttamiseen. Mutta käyttääkö nykyinen sukupolvi tämän ajan oikealla tavalla hyödykseen?"

Amma sanoi, että pelkät sanat ja tieto eivät riitä nykynuorisolle. He tarvitsevat innoittavia esikuvia ja mallia näyttäviä aikuisia. Ja vaikka Sanatana Dharman tekstit ovat suunnattoman suuri tiedon aarreaitta, sanat tulee pukea nuorille sellaiseen asuun, joka nykynuorison on helppo ottaa vastaan. Jotta tämä voisi tapahtua, vanhemman sukupolven tulee ymmärtää nuoria ja lähestyä heitä nöyryydellä ja rakkaudella. Amma sanoi, että vuoropuhelu on paras lähestymistapa eli nuoria tulee kuunnella kärsivällisesti ja välittää tieto heille kypsällä ja myötätuntoisella viisaudella.

Amma myös sanoi, että eri uskontojen välisten keskusteluiden metodeja ja käytettyä kieltä

Esipuhe

tulisi hioa paremmiksi. Amma ilmaisi olevansa huolissaan siitä, että monet nykyajan uskonnolliset johtajat muuntavat uskonnollisia totuuksia palvelemaan omia itsekkäitä tarpeitaan. Amma sanoi: "Uskonnot ja henkisyys ovat avaimia, joiden tarkoituksena on avata sydän, jotta voisimme suhtautua kaikkiin myötätuntoisesti. Erottelukyvyn puutteen vuoksi näitä avaimia ei kuitenkaan käytetä sydämen avaamiseen, vaan sen lukitsemiseen."

Amma myös huomautti, millä tavoin moderni koulujärjestelmä johtaa yhteiskuntaa harhaan. Kaiken positiivisen muutoksen taustalla on aito sivistys. Amman mukaan oikeanlainen koulutus on menestyksen salaisuus. Se on avain, joka auttaa saavuttamaan menestystä elämässä. Se auttaa löytämään ratkaisuja ongelmiin. Amma kuitenkin toteaa, että nykyaikaisella koulujärjestelmällä on vain yksi tavoite: maallinen menestys.

Nykyaikana etenkin nuoriso uskoo vain ihmisten aikaansaannoksiin. Tämä paisuttaa egoa. Nykyaika tarvitsee epäitsekästä, myötätuntoista johtajuutta. Amma painottaa aina jumalallisen armon merkitystä menestyksen saavuttamisessa alasta riippumatta. Amman mielestä on erittäin tärkeää, että nykynuoriso oivaltaa ymmärryksen ja logiikan tuolle puolen menevän armon merkityksen. Amma sanoi: "Meidän täytyy päästä eroon siitä egoistisesta käsityksestä, että saavutamme asioita pelkän oman ponnistelumme ansiosta. Meidän täytyy oppia nöyryyttä – vasta silloin kosmoksen tukea antava voima virtaa meihin."

Amma päätti puheensa korostamalla, miten tärkeää on arvostaa omaa kotimaataan. Amma ylisti Swami Vivekanandaa siitä, että hän oli Intiaa ja sen rikasta kulttuuria rakastava patriootti. "Kulttuuriperintömme on ainutlaatuinen", Amma sanoi. "Meidän tulisi omaksua muiden maiden hyviä tapoja, mutta säilyttää samalla rakkauden juuret omaan kotimaahamme ja sen henkiseen kulttuuriperintöön."

Amman viisauden sanat kuultuaan M.N. Venkatachaliah, aikaisempi Intian korkeimman oikeuden johtaja ja palkittu tutkija sanoi: "Olemme saaneet tänään Ammalta annoksen *amritaa* [jumalallista nektaria]. Hän kertoi meille kuinka lisätä makua elämään ja hänen tulkintansa Vivekanandasta oli kenties kaikkein innoittavin ja täsmällisin. Hänen ymmärryksensä asioista ja hänen tapansa ilmaista ne, on niin upeaa, että uskon jokaisen hieman alakuloisena tänne saapuneen uskovan jälleen siihen, että

Esipuhe

maailmassa on hyvää. Joku on joskus sanonut, että 'Niin kauan kuin maailmassa on lintuja, kukkia ja lapsia, kaikki on hyvin'. Mutta minä sanon, että 'Niin kauan kuin maailmassa on lintuja, kukkia, lapsia ja Mata Amritanandamayi, kaikki on hyvin'. "

Sri Ajit Kumar Doval, Kansainvälisen Vivekananda-säätiön johtaja kutsui Ammaa "henkisyyden ruumiillistumaksi" sanoen: "Amman rakkaus ihmiskuntaa kohtaan ja hänen kaikenläpäisevä energiansa ovat sitä samaa suurten henkisten johtajiemme perimyslinjaa, jotka ovat aina aika ajoin johtaneet ihmiskuntaa ja tätä kansakuntaa. He ovat tuoneet kulttuurillemme jatkuvuutta. Ja tuo kulttuuri on kansallistunteemme, identiteettimme, koko kansakuntamme ja yksittäisten ihmisten kulmakivi."

Swami Amritaswarupananda,
varapuheenjohtaja Mata Amritanandamayi Math

Amman puhe New Delhissä Vivekananda-
säätiön kansainvälisessä keskuksessa.

Vahvuuden ja elinvoiman kehittäminen

Sri Mata Amritanandamayi

Puhe pidetty 1.12.2009
Vivekananda-säätiön New Delhissä sijaitsevan kansainvälisen keskuksen avajaispuhe.

Amma on mielissään siitä, että tällainen Swami Vivekanandan nimeä kantava keskus on syntynyt edistämään eri uskontokuntien välistä harmoniaa ja ykseyttä sekä levittämään Sanatana Dharman[1] arvomaailmaa kaikkialle maailmaan. *Swami Vivekananda* – tässä nimessä on aivan erityistä voimaa ja puoleensavetävyyttä. Tuota nimeä kantanut henkilö oli niin valovoimainen ja säteilevä, että pelkästään hänen nimensä kuuleminen antaa energiaa ja havahduttaa olemaan tietoisempi. Hän oli paitsi mahtava *sanjaasi*[2],

---

[1] Sananmukaisesti käännettynä 'ikuiset universaalit lait', hindulaisuuden alkuperäinen nimi; sen ajatellaan olevan ikuinen siksi, että sen pääperiaatteet ovat yleismaailmallisia ja ne pysyvät totuutena ajasta tai paikasta riippumatta.
[2] Maallisesta elämästä henkisen vapautumisen vuoksi luopunut munkki.

Vahvuuden ja elinvoiman kehittäminen

joka uudisti ja muutti yhteiskuntaa, mutta myös täydellinen *jnani*[3], malliesimerkki *guru*lle[4] omistautumisesta, jalo *karmajoogi*[5] ja loistava puhuja. Swami Vivekananda oli kaiken kaikkiaan sangen harvinaislaatuinen yksilö – hän oli jumalallinen kukka, joka puhkesi loistoonsa Sri Ramakrishna Paramahamsan henkisen säteilyn vaikutuksesta, ja joka levitti kauniin tuoksunsa kaikkialle maailmaan.

Swami Vivekanandalle henkisyys ei tarkoittanut kaukaisessa luolassa tai metsässä silmät kiinni suoritettavaa katumusharjoitusta, vaan tietynlaista tapaa elää maailmassa ja toimia kaikenlaisten ihmisten kanssa. Hän kohtasi kaikki olosuhteet ja haasteet tyynesti ja rohkeasti.

Hän uskoi vakaasti, että henkisyys on elämän kulmakivi ja aidon voiman sekä viisauden lähde.

Myötätunto ja toisista huolehtiminen muodostivat Swami Vivekanandan henkisyyden käsitteen ytimen. Hän julisti, ettei uskoisi

---

[3] Sananmukaisesti käännettynä 'tietäjä' – hän, joka on oivaltanut transsendentaalisen totuuden.
[4] Henkinen opettaja.
[5] Karmajoogin jokainen teko on Jumalalle omistettu uhrilahja ja hän hyväksyy tyynenä kaikki tilanteet – olivatpa ne sitten negatiivisia tai positiivisia – ajatellen niiden olevan pyhä lahja Jumalalta.

Sri Mata Amritanandamayin puhe

sellaiseen Jumalaan tai uskontoon, joka ei pyyhi lesken kyyneleitä tai anna leipää orvon suuhun. Myötätuntoa ja maailman palvelemista painottamalla hän toi intialaiseen *sanjaasi*perinteeseen aivan uuden ulottuvuuden.

Mahatmojen[6] elämä on heidän viestinsä. Heidän elämänsä on yhteiskunnan omaksuttavissa oleva esimerkki. Tämä on se seikka, joka pitää harmoniaa yllä yhteiskunnassa. Perhesiteet ja sosiaaliset arvot ovat säilyneet Intiassa elinvoimaisina mahatmojen vaikutuksesta ja innoituksesta. He eivät ainoastaan opettaneet seuraavanlaisia sanontoja kuin "Puhu aina totta. Ole aina oikeamielinen."[7] ja "Pidä äitiäsi, isääsi, opettajiasi ja vieraitasi Jumalana"[8], vaan he myös elivät niiden mukaisesti. Arvot eivät juurtuneet yhteiskuntaan kuninkaiden ja poliitikkojen toimesta vaan mahatmojen antaman esimerkin vuoksi. Mahatmat itse asiassa neuvoivat hallitsijoita ja näyttivät heillekin esimerkkiä. Kaikki perusarvot perustuvat henkisyyteen. Jos

---

[6] Sananmukaisesti käännettynä 'suuret sielut'; Amma käyttää tätä samaa viitatessaan nimenomaan Itse-oivalluksen saavuttaneisiin.

[7] satyaṁ vada | dharmaṁ cara | [Taittiriya Upanishad, 1.11.1].

[8] mātṛdevo bhava | pitṛdevo bhava | ācārya-devo bhava | atithi-devo bhava | [Taittiriya Upanishad, 1.11.12].

perusarvot menetetään, elämä on kuin maapallon painovoiman vaikutuspiiristä karannut satelliitti.

Mahatmat eivät ole ainoastaan ihmisyksilöitä, vaan havaittavissa oleva perimmäinen totuus. Heissä ei ole tippaakaan itsekkyyttä. Mahatmat vetävät puoleensa koko maailmaa samalla tavoin kuin magneetti vetää puoleensa rautahippusia. Heidän jokainen tekonsa on epäitsekäs ja takertumaton, ja tästä syystä kaikki mitä he tekevät muuttaa yhteiskuntaa ja koko maailmaa.

Ryhmä nuoria miehiä lähestyi muuatta sanjaasia. He kysyivät häneltä "Mitä tarkoittaa sanjaasi?" Sanjaasi kantoi selässään säkkiä, jossa oli hänen omaisuutensa. Heti tuon kysymyksen kuultuaan hän pudotti säkin maahan ja jatkoi kävelemistä. Nuoret miehet eivät ymmärtäneet tätä hänen tekoaan. He juoksivat hänet kiinni ja kysyivät uudestaan "Mikä on sanjaasi?"

Mahatma vastasi: "Ettekö te nähneet minun pudottavan säkkiä? Sanjaasi ensinnäkin luopuu siitä mikä on "minä" ja "minun".

Miehet kiinnostuivat ja halusivat tietää enemmän: "Entä mikä on seuraava askel sen jälkeen kun on luopunut siitä mikä on minä ja minun?"

Sri Mata Amritanandamayin puhe

Mahatma kääntyi ja käveli takaisin säkin luo, nosti sen ja heitti takaisin selkäänsä. Tämän jälkeen hän jatkoi taivallustaan. Nuoret miehet kysyivät hämmentyneinä: "Mitä tämä nyt sitten tarkoittaa?"

Sanjaasi hymyili ja vastasi heille: "Ettekö huomanneet, että laitoin säkin jälleen selkääni? Kun on luopunut siitä mikä on minä ja minun, sanjaasin tulee ottaa harteilleen koko maailman taakka. Kun näkee muiden kohtaamat vaikeudet ja surut ominaan, heitä tulisi rakastaa ja palvella. Sellainen on aito sanjaasi."

Tämä painolasti ei kuitenkaan rasita häntä, sillä siellä, missä on rakkautta, ei ole taakkaa. Lapsesta huolehtiminen saattaa tuntua lapsenvahdista vaikealta, mutta lapsen äidille se on iloinen kokemus. Siellä, missä on rakkautta, ei ole taakkoja.

Tämä tarkoittaa toisin sanoen myös sitä, että palvellakseen maailmaa epäitsekkäästi täytyy olla vahva. Swami Vivekananda sanoi, että sisäisen voimansa herättäminen on ainut aito muutos ja ainoa pysyvä ratkaisu yhteiskunnan ongelmiin.

Vahvuus on yksilöiden ja valtioiden tärkein ominaisuus. Kun ymmärrämme, että voima löytyy sisimmästämme, aito vahvuus herää.

Vahvuuden ja elinvoiman kehittäminen

Satyam, shivam, sundaram – totuus[9], hyvyys ja kauneus – eivät ole Jumalan ominaisuuksia; ne ovat meidän kokemuksemme, se millaisena me näemme Jumalan. Ne ovat itse asiassa rajoitteita, jotka mielemme heijastaa Jumalaan, sillä todellisuudessa Jumala on kaikkien ominaisuuksien tuolla puolen – Jumala on ääretön. Kun Jumalan voima säteilee lävitsemme, se välittyy totuutena, suotuisana energiana ja kauneutena. Kun Jumala ilmentyy älyn kautta, totuus säteilee kauas. Jumalan ilmentyminen tekojen kautta näyttäytyy hyvyytenä ja suotuisana energiana. Ja kun Jumala ilmentyy sydämen kautta, lopputuloksena on kauneus. Totuuden, hyvyyden ja kauneuden sulautuessa osaksi elämäämme, todellinen voima herää meissä.[10]

---

[9] Tässä lauseyhteydessä *satyaṁ* – totuus – ei merkitse perimmäistä todellisuutta vaan sellaisia ominaisuuksia kuten rehellisyys, lahjomattomuus ja vilpittömyys. Kuten Amma sanoo, Jumalan sekä yksilöiden ja maailmankaikkeuden perimmäinen todellisuus on kaikkien ominaisuuksien tuolla puolen; se on puhdas tietoisuus.

[10] Tietoisuus elävöittää luomakunnan; se on maailmankaikkeuden perusta. Kun mieli on puhdistettu mielihaluista ja vastenmielisyyksistä, elävöitetty persoonallisuus ilmaisee sellaisia jumalallisia ominaisuuksia kuten rehellisyys, hyvyys ja kauneus.

Sri Mata Amritanandamayin puhe

Se, mitä Intia[11] tarvitsee, on voima, vahvuus ja elinvoimaisuus. Jos nuorisomme nousee toimimaan, heillä on tarvittava voima ja energia muuttaa yhteiskuntaamme suuresti.

Kuten Swami Vivekananda kerran sanoi, "Nuoruuden todellinen arvo on mittaamattoman suuri ja sanoinkuvaamaton. Nuoruus on elämän parasta ja kallisarvoisinta aikaa. Se, miten käytät tämän elämänjakson, määrittelee tulevat vuotesi. Onnellisuutesi, menestyksesi, kunniasi ja maineikkuutesi riippuvat siitä, miten elät tämän elämänvaiheen, joka juuri nyt on käsillä. Muista se. Tämä upea elämäsi ensimmäinen vaihe on kuin pehmeä ja märkä savi keramiikkataiteilijan käsissä. Keramiikkataiteilija muovaa taitojensa avulla savesta esiin juuri ne muodot, jotka hän haluaa sille antaa. Ja aivan samalla tavoin sinäkin voit muovata omaa elämääsi, luonnettasi, fyysistä terveyttäsi ja vahvuuttasi sekä koko olemustasi juuri sellaiseksi millaiseksi päätät tulla. Ja sinun tulee tehdä se nyt heti."

Tämä nuoruutena tunnettu elämänvaihe on katoamaisillaan nykymaailmasta. Ihmiset

---

[11] Amma piti tämän puheen Delhissä ja mainitsi siksi tässä yhteydessä Intian. Näitä ominaisuuksia tarvitaan kuitenkin kaikissa maissa.

Vahvuuden ja elinvoiman kehittäminen

hyppäävät lapsuudesta suoraan vanhuuteen. Mutta tosiasiassa nuoruus on elämän *bindu* – keskipiste. Se on ajanjakso, jolloin ihminen ei ole enää lapsi muttei vielä aikuinenkaan. Se on aika jolloin meidän tulee elää käsillä olevassa hetkessä. Se on myös otollinen aika mielen valmennukseen. Mutta käyttääkö nykyinen sukupolvi tämän ajan oikealla tavalla hyödykseen?

Eräänä päivänä muuan nainen oli puistossa kävelyllä. Hän näki vanhan, itsekseen hymyilevän miehen istumassa puiston penkillä. Nainen meni hänen luokseen ja sanoi: "Näytät erittäin onnelliselta. Kerrohan, mikä on pitkän ja onnellisen elämäsi salaisuus?"

Vanha mies vastasi hänelle "No, juon kaksi pulloa viskiä heti ensimmäiseksi kun herään. Sen jälkeen poltan askin tupakkaa. Lounaaksi syön friteerattua kanaa ja kyljyksiä sydämeni kyllyydestä. Loppupäivän vietän heviä ja räppiä kuunnellen. Napostelen perunalastuja, karkkeja ja muita herkkuja pitkin päivää. Ja kaiken tämän lisäksi poltan pilveä neljä tai viisi kertaa viikossa. Enkä ole koskaan edes ajatellut aloittavani liikuntaharrastusta."

Nainen järkyttyi tästä kovin. "Ällistyttävää", hän sanoi, "en ole koskaan aiemmin kuullut kenenkään eläneen tuollaisilla elintavoilla noin pitkään. Kerrohan vielä kuinka vanha oikein olet?"

"Olen 26-vuotias", mies vastasi.

Monet tuhlaavat nuoruutensa juuri tällä tavoin. Mutta mistä tämä johtuu? Siitä, että heidän vanhempansa eivät ole kasvattaneet heitä kurinalaisuuteen. He ovat vain painottaneet rahan ja opiskelun merkitystä. Niitä molempia tarvitaan, mutta lapsiin tulisi istuttaa myös henkisiä perusarvoja. Vaikka joku ostaisikin kalliin auton ja täyttäisi tankin parhaalla polttoaineella, auto ei silti käynnisty ilman akkua. Elämän auton ajamiseen tarvitaan vastaavasti henkisiä perusarvoja ja hyveitä.

Miten nuoret saadaan omaksumaan henkiset perusarvot ja viljelemään hyveitä? Kuinka heidät ohjataan oikealle polulle? Miten saisimme kanavoitua nuoruuden voiman yhteiskunnan, valtion ja koko maailman kasvun edistämiseen? Tämän saavuttamiseksi meidän tulisi opettaa nuoria jalostamaan luonnettaan ja kehittymään ihmisinä. Mutta jotta tämä olisi mahdollista, meidän tulee ensin ymmärtää heitä täysin. Swami Vivekananda työskenteli näitä seikkoja painottaen.

Lukemattoman monet Sanatana Dharman tekstit paljastavat henkisen tiedon syvyyden ja

Vahvuuden ja elinvoiman kehittäminen

laadun selittäen maailman todellisen luonteen. Nuorten mielet eivät kuitenkaan välttämättä ole vielä valmiita vastaanottamaan näitä kirjoituksia alkuperäisessä muodossaan. Aikuisten tulisi ilmaista nämä henkiset opetukset sellaisella nykykielellä, jota nuorten on helppo ymmärtää. Tämä on vanhemman sukupolven velvollisuus. Opettaminen ei kuitenkaan saisi tapahtua vain älyllisellä tasolla. Henkisyyttä nuorille selitettäessä tulee myös avata sydämensä. Vanhemman sukupolven tulisi lähestyä nuoria vuoropuhelun[12] keinoin. Nuoria lähestyttäessä ei saisi yrittää osoittaa omaa oppineisuuttaan ja älykkyyttään. Meidän tulisi olla yhtä heidän kanssaan, ymmärtää heidän sydämiään ja saada heidät keskustelemaan. Meidän tulee kuunnella heidän kysymyksiään ja kritiikkiään kärsivällisinä ja rakastavina. Heitä tulee lähestyä myötätunnolla. Tämä on ainut lähestymistapa, joka saa heissä aikaan todellisen muutoksen. Kaiken tämän lisäksi meidän tulisi olla innoittavana esimerkkinä heille.

Mikä on henkisyyden merkitys? Tietämätön ihminen, jolla ei ole päämäärää, nukkuu kaikin tavoin. Hän ei itse asiassa ole yksilö vaan joukkio. Tällaisten ihmisten on aina

---

[12] *Saṁvāda.*

Sri Mata Amritanandamayin puhe

hyvin vaikea tehdä päätöksiä, sillä aivan kuten joukkiossa, heidän päässään on monia ristiriitaisia mielipiteitä. Kun toinen puoli mielestä luo jotain, toinen lyö sen maahan. Tällaisen ihmisen kaikki ponnistelut ovat turhia. Hänen elämällään ei ole selkeää suuntaa, joten hän harhailee läpi elämänsä. Aivan kuin joku olisi sitonut vaunujen neljälle eri sivulle hevosen ja antanut tämän jälkeen ohjakset nukkuvalle kuljettajalle. Henkistä ymmärrystä vailla eletty elämä on juuri sellaista. Tällainen ihminen ajattelee: "Minä saavutan päämääräni... Minä saavutan päämääräni..." Mutta hänen elämänsä ei kuitenkaan liiku lainkaan eteenpäin, ja lopulta hän tuupertuu uupuneena maahan. Mielemme virtaa jatkuvasti ulospäin kohti lukemattomia ulkoisia asioita. Jotta voisimme löytää sisällämme olevan äärettömän voiman, meidän tulee ohjata mielemme päinvastaiseen suuntaan. Eikä se itse asiassa vielä riitä, että muuttuu joukkiosta yksilöksi. Henkisyyden tarkoituksena on, että meistä tulee tietoisia yksilöitä. Ja tämä on se tieto, joka nuorille tulisi välittää.

Monet pitävät henkisen opettajan merkkinä sitä, että hän pystyy tulkitsemaan opetuksia oman mielensä mukaisesti. Jos opettaja ei toimi näin, sen ajatellaan olevan puute hänen kyvyissään. Henkisiä opetuksia ei kuitenkaan tulisi koskaan tulkita oman mieltymyksensä mukaan. Opetukset tulisi välittää eteenpäin sellaisella tavalla, joka edistää sekä yksilöiden että koko yhteiskunnan kehittymistä. Niiden, joille henkisten opetusten välittäminen on uskottu tehtäväksi, tulisi olla mieleltään kypsiä ja erottelukykyisiä sekä avarasydämisiä. Ja vasta silloin hyvyys ja jalous voivat herätä niissä, keitä he opettavat.

Nykynuoriso ei tyydy pelkkiin sanoihin. Moderni informaatioteknologia on mahdollistanut sen, että he pääsevät käsiksi aiempia sukupolvia huomattavasti suurempaan tietomäärään. Tiedon levittäminen ei ole nykyaikana vaikeaa. Pelkkä saarnaaminen ei kuitenkaan synnytä vuoropuhelua. Saarnojen kuunteleminen ei kiinnosta nuoria – eikä oikeastaan ketään muutakaan. Ainut muutos, jonka se saa aikaan, on korkeintaan se, että kaikki pakenevat. Vanhemman sukupolven velvollisuus on selittää nuorille, mitä todellinen vuoropuhelun käyminen tarkoittaa. Kaikki Swami Vivekanandan sanat olivat vuoropuhelua, sillä ne olivat sydämellisiä ja ne perustuivat kuulijoiden älyllisen ja emotionaalisen tason ymmärtämiseen. Tämä on hänen sanojensa voiman alkulähde ja syy siihen, miksi hänen sanansa muuttavat ihmisiä yhä edelleen. Eri uskontojen ja kulttuurien johtajat käyvät jatkuvasti keskusteluja keskenään, mutta näiden keskustelujen metodit ja kielenkäyttö eivät ole välttämättä kovin onnistuneita. Monet kykenevät tarjoamaan nykyaikana logiikkaa ja älyä tyydyttäviä tulkintoja, mutta unohdamme liittää logiikkaan sydämen kauneuden. Ihmiset kokoontuvat erilaisiin tapahtumiin, mutta samalla heidän sydäntensäkin tulisi yhtyä.

Ongelmat syntyvät ihmisten sanoessa: "Minun uskontoni on ainut hyvä uskonto; sinun on huono." Tämä on aivan sama asia kuin sanottaisiin: "Minun äitini on täydellinen, mutta sinun äitisi on huora!" Esteetön vuorovaikutus on mahdollista, jos osallistujat ymmärtävät että jokainen pitää omaa näkemystään ainoana oikeana.

Aidot uskonnolliset johtajat rakastavat ja palvovat koko luomakuntaa nähden sen jumalallisen tietoisuuden ilmentymänä. He näkevät monimuotoisuuden taustalla olevan ykseyden. Monet nykyajan uskonnollisista johtajista tulkitsevat kuitenkin muinaisten tietäjien ja profeettojen kokemuksia ja näkyjä väärin. He tekevät

Vahvuuden ja elinvoiman kehittäminen

tämän tahallaan hyötyäkseen heikkotahtoisista ihmisistä.

Uskonnot ja henkisyys ovat avaimia, joiden tarkoituksena on avata sydän, jotta voisimme suhtautua kaikkiin myötätuntoisesti. Olemme kuitenkin itsekkyytemme sokaisemia. Ja tästä syystä mielemme on menettänyt erottelukyvyn voiman ja näkemyksemme on vääristynyt. Tämä luo ainoastaan lisää pimeyttä. Erottelukyvyn puuttuessa näitä avaimia ei käytetä sydämen avaamiseen, vaan sen lukitsemiseen.

Olipa kerran neljä miestä, jotka olivat menossa laivalla uskonnolliseen konferenssiin. Myrsky yllätti heidät, joten he joutuivat keskeyttämään matkan ja leiriytymään autiolle saarelle myrskyltä suojaan. Yö oli purevan kylmä ja lämpötila laski melkein pakkasen puolelle. Jokaisella matkamiehellä oli repussaan tulitikut ja polttopuita, mutta jokainen heistä ajatteli olevansa ainut, jolla on tulentekotarvikkeet mukanaan.

Ensimmäinen miehistä ajatteli itsekseen: "Tuosta kaulakorusta päätellen hän edustaa eri uskontokuntaa kuin minä. Jos sytytän nuotion, hänkin hyötyy sen lämmöstä. Miksi käyttäisin polttopuuni hänen lämmittämiseensä?"

Toinen miehistä ajatteli: "Tuo tyyppi on kotoisin maasta, joka on aina taistellut meitä

Sri Mata Amritanandamayin puhe

vastaan. En voisi edes kuvitella käyttäväni polttopuitani siihen, että tekisin hänen olonsa mukavaksi!"

Kolmas mies katseli muita ja ajatteli: "Taidan tietää tuon miehen. Hän kuuluu lahkoon, joka aiheuttaa ongelmia uskonnollemme. En kyllä varmasti käytä polttopuitani hänen auttamiseensa!"

Viimeinen miehistä ajatteli: "Tuon miehen iho on erivärinen kuin minun ja minä vihaan tuon värisiä ihmisiä! En aio missään tapauksessa käyttää polttopuitani hänen vuokseen."

Yksikään heistä ei siis ollut halukas käyttämään polttopuitaan toisten lämmittämiseen ja aamuun mennessä he olivat kaikki paleltuneet kuoliaiksi. He eivät kuitenkaan kuolleet kylmän ulkoilman vuoksi vaan jäätyneiden sydämiensä vuoksi. Me riitelemme uskonnon, kastin, kansallisuuden ja ihonvärin vuoksi osoittamatta myötätuntoa muita kohtaan.

Nykypäivän yhteiskunta on aivan kuin korkeasta kuumeesta kärsivä henkilö. Heti kun kuume nousee, potilas puhuu järjettömiä asioita. Potilas saattaa kysyä lattialla olevaa tuolia osoittaen: "Miksi tuo tuoli lentää?" Mitä tähän voisi vastata? Suurin osa ihmisistä elää juuri tällä tavalla. Nukkuva ihminen on helppo herättää, mutta on mahdotonta herättää henkilö, joka on nukkuvinaan.

Swami Vivekanandan sanat vetosivat nuoriin koska hän oli loogisuuden ja älyn lisäksi myös vilpitön. Kun hän aloitti puheensa maailman uskontojen parlamentissa Chicagossa vuonna 1893 sanoilla "Amerikkalaiset siskot ja veljet!", halli oli räjähtää innosta ja ilosta. Syy tähän oli se, että nuo hänen sanansa olivat täysin vilpittömiä ja sydämellisiä. Jos sanamme ovat vilpittömiä, ne innostavat ja kohottavat muita varmasti sekä motivoivat heitä toimimaan epäitsekkäällä tavalla.

Kaiken positiivisen muutoksen taustalla on aito sivistys. Menestyksen saavuttamiseen tarvitaan aitoa sivistystä. Oikeanlainen koulutus on ratkaisu kaikkiin ongelmiin. Kuten Swami Vivekananda sanoi, "Mitä sivistyneisyys on? Onko se kirjaviisautta? Ei ole. Onko se yleistietoa? Se ei ole edes sitä. Koulutusta, joka opettaa käyttämään ja ilmaisemaan tahtoa hedelmällisellä tavalla, voi kutsua sivistykseksi."

Nykyisellä koulujärjestelmällä on kuitenkin vain yksi tavoite: maallinen menestys. "Menestys" on nuorison mantra. Ja nykyisen koulujärjestelmän mottona on: "Valitsetpa minkä elämänpolun tahansa, sinun täytyy onnistua ja

Sri Mata Amritanandamayin puhe

menestyä!" Koulujärjestelmämme on kutistunut materiaalisen menestyksen välineeksi. Mutta onko tällainen menestys kestävää? Auttaako se lapsiamme saamaan yhteiskunnalta rakkautta ja kunnioitusta? Saavatko he tämän koulutuksen avulla sellaista lujuutta, jota tarvitaan vastoinkäymisistä ja koettelemuksista selviämiseen? Heidän saamansa koulutus saattaa auttaa heitä saavuttamaan lyhytkestoisia voitonhetkiä, mutta lopulta he romahtavat.

Meidän tulee ensinnäkin ymmärtää miten tyhjä, keinotekoinen ja pinnallinen nykyinen menestyksen käsite on, mutta sen lisäksi meidän tulee oppia arvostamaan aitoa menestystä. Menestyksestä Swami Vivekananda sanoi seuraavaa, "Nuoruuden tarkoitus on *atma-vikasa* [todellisen Itsen paljastuminen]. Se on *atma-nirmana* [todellisen Itsen havaitsemisen kehittäminen]. Yrittäkää ymmärtää mitä termillä 'menestys' tarkoitetaan. Kun sanotaan, että joku on menestynyt elämässään, se ei tarkoita sitä, että hän olisi onnistunut kaikessa mihin ryhtyi. Todellisen menestyksen ydin on se, millaiseksi olet luonut itsesi. Todellinen menestys on sitä, millaista elämää elät ja millaiseksi olet muovannut luonteesi. Menestys on sitä, millaiseksi ihmiseksi sinä olet kasvanut."

Vahvuuden ja elinvoiman kehittäminen

Ne, jotka hyökkäävät vihollisten kimppuun miekoin ja tuliasein, eivät ole ainoita sotilaita. Jokainen, joka ponnistelee saavuttaaksensa jonkun tietyn päämäärän, on tavallaan sotilas. *Kshatriya*[13] käy taisteluita. Mutta missä nämä taistelut käydään? Ne käydään kaikilla elämänalueilla. Olipa kyse sitten taiteista, politiikasta, liike-elämästä, henkisyydestä tai opiskelusta, meidän tulee herättää *sattva*n, *raja*sin ja *tamas*in[14] ominaisuudet oikealla tavalla. Meidän täytyy käyttää kaikki tarmomme ja älylliset kykymme keskittyäksemme päämääräämme ja päästäksemme eteenpäin sitä kohti. Itsekkyyden ehkäisemiseen tarvitsemme sydämessämme säteilevää hyvyyden valoa. Mutta meidän tulee myös kyetä ilmaisemaan tuo hyvyys. Kaikkien tekojemme motiivina tulisi olla koko yhteiskunnan kehittyminen ja ihmiskunnan hyvinvointi. Yhteiskunnan kehittyminen koskettaa myös meitä yksilöinä. Jotta tämä aidon kehittymisen

---

[13] Henkilö, joka kuuluu soturikastiin. Se on yksi hindulaisuuden neljästä kastista.
[14] Hindulaisuuden pyhien kirjoitusten mukaan maailmankaikkeuden alkumateriaaleja (ihmismieli mukaan luettuna) on kolme: *sattva guṇa*, *rajoguṇa* ja *tamoguṇa*. Tässä yhteydessä ne edustavat ylläpitäviä, luovia ja tuhoavia voimia.

ja kasvamisen syvällinen ymmärrys juurtuisi mieliimme, tarvitsemme avuksemme erottelukykyä.

Nykynuorisolla ei kuitenkaan ole erottelukykyä. Pelkkä tiedon kylväminen ei synnytä erottelukykyä kenessäkään. Erottelukyky syntyy vasta sen jälkeen kun usko kosmoksen taustalla piilevään voimaan on löytynyt – voimaan, joka on mielen ja älyn tuolla puolen. Meidän täytyy päästä eroon siitä egoistisesta käsityksestä, että saavutamme asioita pelkän oman ponnistelumme ansiosta. Meidän täytyy oppia kumartamaan – ja vasta silloin kosmoksen voima virtaa meihin ja tukee meitä.

Jos kysymme kitaristilta tai laulajalta mistä hänen musiikkinsa tulee, hän luultavasti sanoo: "Se tulee sydämestäni". Mutta jos hänen sydämensä avataan kirurgin veitsellä, löytyykö sen sisältä musiikkia? Jos hän taas vastaa, että musiikki tulee hänen sormenpäistään tai kurkustaan, löytyykö musiikki näistäkään ruumiinosista? Mistä musiikki sitten oikein tulee? Se tulee paikasta, joka on kehon ja mielen tuolla puolen. Tuo paikka on puhtaan tietoisuuden asuinsija – se on Jumala. Nuoremman sukupolven tulisi pyrkiä ymmärtämään ja kunnioittamaan tätä voimaa, mutta nykyaikainen koulujärjestelmä ei anna tämänkaltaisen ymmärryksen viljelemiselle mitään painoarvoa. Nuoret täytyy saada ymmärtämään rakkauden, epäitsekkään palvelun ja nöyryyden merkitys. Heidän tulisi myös ymmärtää, että heidän tulee maksaa velkansa sille yhteiskunnalle, joka mahdollistaa heidän menestyksensä. Olipa kyseessä sitten perheen pää, yrityksen toimitusjohtaja tai poliittinen johtaja, hänen tulee oppia tuntemaan itsensä, sillä se on aitoa voimaa ja vahvuutta. Ensin täytyy opetella tuntemaan itsensä – omat vikansa, puutteensa ja rajoituksensa. Sitten ne täytyy yrittää voittaa. Ja vasta tämän jälkeen aito johtaja voi syntyä. Aidot johtajat voivat johtaa muutkin ihmiset *dharman*[15] polulle itsevarmuudellaan, vilpittömyydellään ja tietoisuudellaan. Nykynuorisosta kasvaa tulevaisuuden johtajia; tästä syystä heidän täytyy ymmärtää, mistä aito voima kumpuaa. Vasta sitten, kun heidän oma sydämensä on kasvanut hyvyyteen ja he tekevät tekonsa ilman odotuksia, he vetävät puoleensa toisten sydämiä ja vaikuttavat niihin.

Meditointi ja henkisyys ovat erottamaton osa elämää. Meditatiivinen mieli ja henkinen ajattelu ovat elintärkeitä, mikäli toivomme ajatusten ja tekojen selkeyttä sekä ylevöitymistä.

---

[15] Hyveellisten eli maailman, yhteiskunnan ja yksilön harmonian huomioon ottavien toimintatapa.

Sri Mata Amritanandamayin puhe

Henkisyyden näkeminen elämästä erillisenä on tietämättömyyttä. Keho tarvitsee ravintoa ja unta selviytyäkseen. Mielemme tarvitsee vastaavasti henkistä ajattelua pysyäkseen terveenä. Mutta mitä nykyihmiset ajattelevat meditoimisesta ja henkisyydestä?

Eräänä päivänä kaksi ystävää tapasivat toisensa pitkästä aikaa. Ensimmäinen miehistä kysyi toiselta mitä hänelle kuuluu.

"Ihan hyvää, kiitos", toinen mies vastasi.

Ensimmäinen miehistä kysyi tämän jälkeen: "Mitä sinun pojallesi kuuluu? Onko hän löytänyt työpaikan?"

"Ei, hän ei ole vielä löytänyt töitä, mutta hän on ryhtynyt meditoimaan."

"Meditoimaan? Mitä se sellainen on?"

Toinen miehistä vastasi: "Äh, en minä tiedä. Mutta olen kuullut, että on parempi meditoida kuin olla tekemättä yhtään mitään."

Monet ihmiset ajattelevat juuri näin; että henkisyys on sellaisia ihmisiä varten, joilla ei ole parempaakaan tekemistä.

Henkisyys on Intian kulttuurin ydin. Mikäli omaksumme kulttuurimme oikealla tavalla, huomaamme sen tarjoavan ratkaisun kaikkiin ongelmiimme sekä yhteiskunnan että yksilön tasoilla. Ja tämä on syy siihen, miksi Swami

Vahvuuden ja elinvoiman kehittäminen

Vivekananda painotti nuorisolle jatkuvasti sitä seikkaa, että heidän tulisi luoda voimakas side omaan maahansa ja sen kulttuuriin. Samanaikaisesti heidän tulisi myös kehittää avointa mieltä ja kykyä ajatella itsenäisesti. Nuorten täytyy olla tarpeeksi rohkeita kelpuuttaakseen hyvän ja torjuakseen pahan missä ikinä niitä kohtaavatkaan. Swami Vivekanandalla oli nämä ominaisuudet; hän oli ylpeä intialaisesta syntyperästään, mutta samalla hän myös omaksui länsimaalaisen edistyksellisen ajattelutavan ja dynaamisen toiminnan mallin.

On vedantan ansiota, että Intia syleilee kaikkia uskonnollisia katsontakantoja. Vedantan näkemyksen mukaan kaikki uskonnot vievät kohti samaa päämäärää. Swami Vivekananda ennusti, että vaikka moderni tiede kehittyisi miten paljon tahansa, vedantan totuudet pysyvät vakaina voittaen niihin kohdistuvat haasteet. Lopulta vedantasta muodostuu universaali maailmankatsomus.

Monimuotoisuus on Jumalan luomakunnan perusominaisuus. Tämä maailmankaikkeus on niin monimutkainen, ettei mikään uskonto tai filosofia voi sitä yksin täysin tyhjentävästi selittää. Jos toivomme rauhaa, tyytyväisyyttä ja edistystä, meidän tulisi ponnistella saadaksemme

Sri Mata Amritanandamayin puhe

maailman ymmärtämään harmonisen vuorovaikutuksen tien. Harmoninen vuorovaikutus on itse asiassa kaikensyleilevän Sanatana Dharman[16] henki.

Amma vertaa maailmaa kukkaan, jonka terälehdet edustavat eri kansoja. Jos tuhohyönteiset vaivaavat yhtä terälehteä, vaikuttaa tämä muihinkin terälehtiin. Koko kukan kauneus kärsii. Me olemme kaikki vastuussa tästä kukasta – meidän tulisi suojella ja hoitaa sitä. Kaikkien kansojen tulisi edetä yhdessä tuumin, ottaen oppia ja jakaen toistensa hyvät toimintatavat ja arvot. Kun Amma sanoo tämän, hänen mieleensä piirtyy kuva länsimaalaisista autoteistä. Kun Amma matkustaa ulkomailla ja näkee päällystetyt kadut, puhtauden, kurinalaisuuden ja järjestyksen, hän toivoo, että Intiassa olisi samanlaista. Jos tiemme olisivat paremmassa kunnossa, lukemattomilta auto-onnettomuuksilta voitaisiin välttyä. Jos täällä olisi yhtä puhdasta, erilaisten epidemioiden ja muiden tautien torjuminen olisi helpompaa. Jos työmoraalimme olisi samanlainen, Intia alkaisi kehittyä ja kukoistaa nopeammin. Länsimaat

---

[16] Sanatana Dharman laajaan näkemykseen sisältyy monenlaisia käsityksiä maailmankaikkeudesta, sillä sen viitekehys on joustava.

Sri Mata Amritanandamayin puhe

voisivat puolestaan omaksua Intian hyvät puolet
– etenkin sen henkisen viisauden.

Jokaisen Intian kansalaisen tulisi muistaa tämä seikka: kulttuuriperintömme on ainutlaatuinen. Nykyisyys muovautuu menneiden ajatustemme ja tekojemme pohjalta. Meidän tulisi omaksua muiden maiden hyviä tapoja, mutta säilyttää samalla rakkauden juuret omaan maahamme ja sen henkiseen kulttuuriperintöön. Kun Sri Rama[17] saapui Ayodhyan kuningaskunnan rajalle matkallaan metsään, hän otti käteensä kourallisen maata ja sanoi: "Kotimaa ja äiti, joka meidät synnytti, ovat taivastakin suurempia."

Kun Swami Vivekananda saapui ensimmäisen Yhdysvaltojen kiertueensa jälkeen Chennaihin, hänen sanotaan heittäytyneen maahan ja julistaneen kyynelsilmin: "Vaikka olen vieraillut monissa maissa, en ole löytänyt äitini vertaista mistään." Kun hän yöpyi viiden tähden hotelleissa, hän ei nukkunut sängyssä, vaan kävi nukkumaan paljaalle lattialle vuodattaen kyyneliä Intian köyhien ja nälkäänäkevien vuoksi. Kaikkien, nuorten eritoten, tulisi seurata

---

[17] Intialaisessa *Rāmayāna* eepoksessa jumalallinen inkarnaatio Rama karkotetaan kuningaskunnastaan 14 vuodeksi.

Vahvuuden ja elinvoiman kehittäminen

tällaista esimerkillistä rakkautta ja kunnioitusta kotimaataan kohtaan. Tulisi muistaa, että oman äidin tekemä riisivelli on maukkaampaa kuin äitipuolen valmistama makea vanukas.[18]

Swami Vivekananda eli nautintoa painottavana materialistisena aikana, joka nakersi Intian kulttuuriaarteita. Hänellä oli ruukullinen *amritamia*[19], jonka hän oli ammentanut *rishi paramparasta*[20]. Ja tästä syystä Vivekananda saavutti niin paljon hyvää niin lyhyessä ajassa sekä Intiassa että ympäri maailmaa. Hänen sanansa antavat ihmisille voimaa ja itseluottamusta ylittää Himalajan korkuiset esteet, uida yli kyynelistä tulvivien jokien ja vaeltaa läpi vastoinkäymisten aavikoiden. Hän hyväksyi surun ja kärsimykset korkeimmiksi opettajikseen. Hänen elämänsä on optimismin *deepa stambam* [erittäin pyhä

---

[18] Tässä vertauskuvassa viitataan siihen, että oman kotimaan kulttuuriperinteet ovat paljon ravitsevampia kuin ulkomaiden ylelliset nautinnot.

[19] Intialaisten legendojen mukaan sekä puolijumalat että demonit etsivät *amṛtaṁ* – jumalallista nektaria, joka antaa kuolemattomuuden. Amma käyttää tässä yhteydessä tätä sanaa tarkoittamaan Intian henkisiä opetuksia, jotka johtivat Itse-oivallukseen sekä yhteiskunnassa vallitsevaan harmoniaan ja runsauteen.

[20] Viisaiden pyhimysten perimyslinja, joka on välittänyt ammoisista ajoista lähtien Intian henkistä perinnettä tuleville polville.

Sri Mata Amritanandamayin puhe

lamppu] epätoivoon hukkumaisillaan oleville ihmisille. Ennen hänen syntymäänsä sanjaasi tarkoitti etäisyyden ottamista[21] maailman ongelmiin. Swami Vivekananda lisäsi tähän takertumattomuuteen [*vairagya*] muiden palvelemisen, joka perustuu autuaaseen rakkauteen ja Jumalan palvontaan.

Ennen kuin Amma lopetti puheensa, hän halusi jakaa lastensa kanssa vielä muutaman ajatuksen:

1. Ei ole väärin ajatella oman uskonsa olevan se oikea. Tulisi kuitenkin antaa myös muille vapaus omaan uskontoonsa. Kun joku tuputtaa toisille omia uskomuksiaan väkisin, muuttuvat rakkaudesta syntyneet uskonnot verenvuodatukseksi. Uskonnot tarkoitettiin rauhanlauluiksi, joten niiden ei tulisi aiheuttaa sekasortoa ja väkivaltaa.

2. Ennen brittiläistä koulujärjestelmää Intian koulujärjestelmä perustui *gurukula*[22] – perinteeseen. Tuohon aikaan opetus ei ollut ainoastaan aivoista aivoihin siirtyvää maallista tietoa, vaan myös sydämestä sydämeen siirtyvää henkistä kulttuuria. Tieto sekä tietoisuus dharmasta

---

[21] *Vairāgya*.
[22] Kirjaimellisesti 'gurun perhe'.

ovat saman koulutuskolikon kaksi eri puolta. Vanhemmat lauloivat lastensa korviin Jumalan nimeä heidän syntymästään lähtien. Ja tällä tavoin lapsetkin oppivat laulamaan Jumalan nimeä. Muutamia vuosia myöhemmin vanhemmat lähettivät heidät gurukulaan elämään brahmacharin[23] elämää ja oppimaan kirjoitukset[24] gurultaan. He oppivat mitä elämä on ja kuinka elää sitä. He oppivat myös reagoimaan ulkomaailmaan oikealla tavalla. Näin lapsista kasvoi kypsiä aikuisia, joilla oli erottelukykyinen ajattelutapa. He olivat pelottomia, jotka omistivat koko elämänsä totuudelle, sillä se sisältyi heidän koulutukseensa. Modernin yhteiskunnan tulisi elvyttää tämä perinne luomalla henkisiin arvoihin perustuva koulujärjestelmä.

3. Yhteiskuntaa palvelevien sanjaasien instituutio oli Buddhan idea, ja Swami Vivekananda omaksui sen oman aikansa tarpeiden mukaisella tavalla. Hän julisti sata vuotta sitten, että *daridra narayna puja* – Jumalan palveleminen köyhien auttamisen muodossa – oli se, mitä tuona aikana tarvittiin. Tämä on totta tänäkin päivänä. Kun

---

[23] Oppilas – ensimmäinen hinduelämän neljästä vaiheesta.
[24] *Gurukulassa* lapsille opetettiin henkistä viisautta ja maallista tiedettä – *parāvidya* ja *aparāvidya*. Näitä molempia pidetään pyhinä kirjoituksina – *śāstras*.

rutto levisi läpi Kalkutan, Swami Vivekananda palveli sairaita samalla antaumuksella, jolla hän oli palvellut guruaan, jonka hän uskoi olevan *avatara* eli Jumala[n inkarnaatio]. Hän oli valmis jopa myymään tarpeen vaatiessa *Belur Mathin*[25]. Se totuus, että kaikki mitä näemme luomakunnassa on Luoja, ei ollut Swami Vivekanandalle ainoastaan älyllistä tietoa. Se oli hänelle jatkuva energiavirta, joka kosketti hänen sydäntään ja sai hänen kätensä palvelemaan maailmaa tauotta.

4. Jokaisen sormenjäljet, kasvot ja silmät ovat ainutlaatuisia. Kaikki samasta muotista tulleet asiat ovat täsmälleen samanlaisia, olipa sitten kyseessä neula, kengät tai nukke. Jumalan luomakunnassa ei kuitenkaan ole kahta täysin samanlaista ruohonkortta tai kukan terälehteä. Entäpä sitten ihmiset? Jumala on lähettänyt jokaisen ihmisen tänne maailmaan kätketyn kyvyn tai taidon kera. Jokaisella elämällä on oma tarkoituksensa, jonka vain itse kukin pystyy toteuttamaan. Tuon sisällämme uinuvan erityisen voiman löytäminen on elämämme tarkoitus.

---

[25] Kalkutan lähellä sijaitseva Belur Math on Swami Vivekanandan ja muiden Sri Ramakrishna Paramahamsan suorassa opetuksessa olleiden pääashram.

Tämä antaa elämällemme merkityksen ja tuo siihen iloista yhteenkuuluvuuden tunnetta. Asiaankuuluva koulutus auttaa onnistumaan tässä. Swami Vivekananda sanoi hyvin selkeästi, että tarvitsemme sellaista opetusta, joka auttaa meitä kehittämään älyllisten kykyjemme lisäksi myös sydäntämme. Yhteiskunta, jossa kaikki ovat toistensa samanlaisia kopioita, olisi mekaaninen ja kuollut. Elämän kauneus piilee sen monimuotoisuudessa.

5. Jokaisen ihmisen sisisimmässä on äärettömän voiman lähde. 90 % nykypäivän ihmisistä ei kuitenkaan tiedä tätä. Ihmiset syntyvät surullisina, kasvavat surussa ja kuolevat surullisina. Ihmiset tarvitsevat Itse-oivaltaneen gurun apua löytääkseen sisällään piilevän lahjakkuuden, josta he eivät itse ole tietoisia. Se, että Sri Ramakrishnan ja Narendran[26] vuorovaikutuksesta syntyi Swami Vivekananda, on ainoastaan gurun ansiota.

6. Lapsille tulisi opettaa uskontojen perusperiaatteita ja arvoja osana heidän peruskoulutustaan. On kuitenkin erittäin tärkeää, että heille samalla kerrotaan muiden uskontojen samankaltaisista päämääristä painottamatta uskontojen

---

[26] Swami Vivekanandan nimi ennen kuin hänestä tuli *sanjaasi*

Sri Mata Amritanandamayin puhe

välisiä eroja. Ainoastaan näin ihmisten välinen rakkaus ja kunnioitus voidaan säilyttää, maailmassa jossa uskontojen moninaisuus aina vain lisääntyy. Koulutukseen sisällytetty arvokasvatus auttaa lapsia säilyttämään toivon kipinän ja optimismin mahdollisten vastoinkäymisten osuessa heidän kohdalleen. Swami Vivekanandan yleismaailmallinen näkemys ja voimakkaat sanat tekevät hänen puheistaan koululaisille soveltuvia.

7. Piittaamattomuus perinteitä ja henkisiä perusperiaatteita kohtaan on modernin yhteiskunnan kirous. Tämän täytyy muuttua. Amma on vieraillut hyvin monissa maissa ympäri maailman ja tavannut todella monia ihmisiä. Ja he kaikki – Australian, Afrikan ja Amerikan alkuperäiskansat mukaan luettuina – ovat ylpeitä juuristaan ja perinteistään. Mutta täällä Intiassa hyvin harva ymmärtää perinteitä, saatikka sitten olisi niistä ylpeä. Jotkut jopa pilkkaavat omaa kulttuuriaan. Korkeaa taloa rakennettaessa perusta tulee tehdä huolella. Vastaavasti nykyisyys ja hyvä tulevaisuus rakentuvat sen varaan, että tunnemme omat esi-isämme ja perinteemme ja olemme niistä ylpeitä. Mutta ensin meidän täytyy luoda tähän tarkoitukseen sopiva ympäristö,

mikä puolestaan edellyttää sitä, että otamme huomioon nälkää näkevät ja lukutaidottomat. Meidän tulee osallistua yhteiskunnan rakentamiseen ja meidän tulee toimia. Swami Vivekananda painotti myös sitä, miten tärkeää on, että naiset kouluttautuvat ja että he voivat osallistua yhteiskunnan toimintaan. Lyhyesti sanottuna, meidän tulee olla valmiita muuttamaan omaa asennettamme nykyajan muuttunutta tilannetta vastaavaksi – jalostaa mieltä sellaiseksi, että se ryhtyy toimimaan – tämän jälkeen voimme kulkea Swami Vivekanandan viitoittamaa polkua eteenpäin.

Levittäköön tämä keskus Swami Vivekanandan sanomaa kaikkialle maailmaan ja toteutukoon hänen aloittamansa toimintasuunnitelma. Amma rukoilee, että tästä keskuksesta tulisi siunaus koko maailmalle ja että Amman lasten ponnistelut kantaisivat hedelmää.

| | *oṁ lokāḥ samasthāḥ sukhino bhavantu* | |

> Olkoot kaikki olennot kaikissa
> maailmoissa onnellisia.

www.ingramcontent.com/pod-product-compliance
Lightning Source LLC
Chambersburg PA
CBHW070042070426
42449CB00012BA/3137